La Niña del Tiempo

Anna Muradyan

Círculo Rojo
EDITORIAL

Prólogo

Hoy en día, muchos niños y niñas se enfrentan a un enemigo común: el bullying.

Lo sufren a diario de la mano de sus agresores.

Este cuento va en honor de esos angelitos que superan con valentía cualquier obstáculo y encuentran el camino de la paz.

La niña del tiempo es un cuento que hace referencia a la necesidad de escucharnos a nosotros mismos, de priorizar nuestro bienestar y nuestra paz mental.

Nunca olvidemos que en la vida encontraremos dificultades que pueden arrebatar la tranquilidad, pero hay que tener presente que nuestra felicidad está en nuestras manos y en nuestra mente.

En un día soleado, Kateri iba paseando, sonriendo, saltando y cantando hasta llegar a la casa de su querida abuela.

Le encantaba hacerle visitas, comer sus galletas, charlar con ella, escuchar sus maravillosas historias y recibir sus mimos; eran los mejores.

La abuela era su persona favorita, la mejor abuela del mundo. La amaba tal como era.

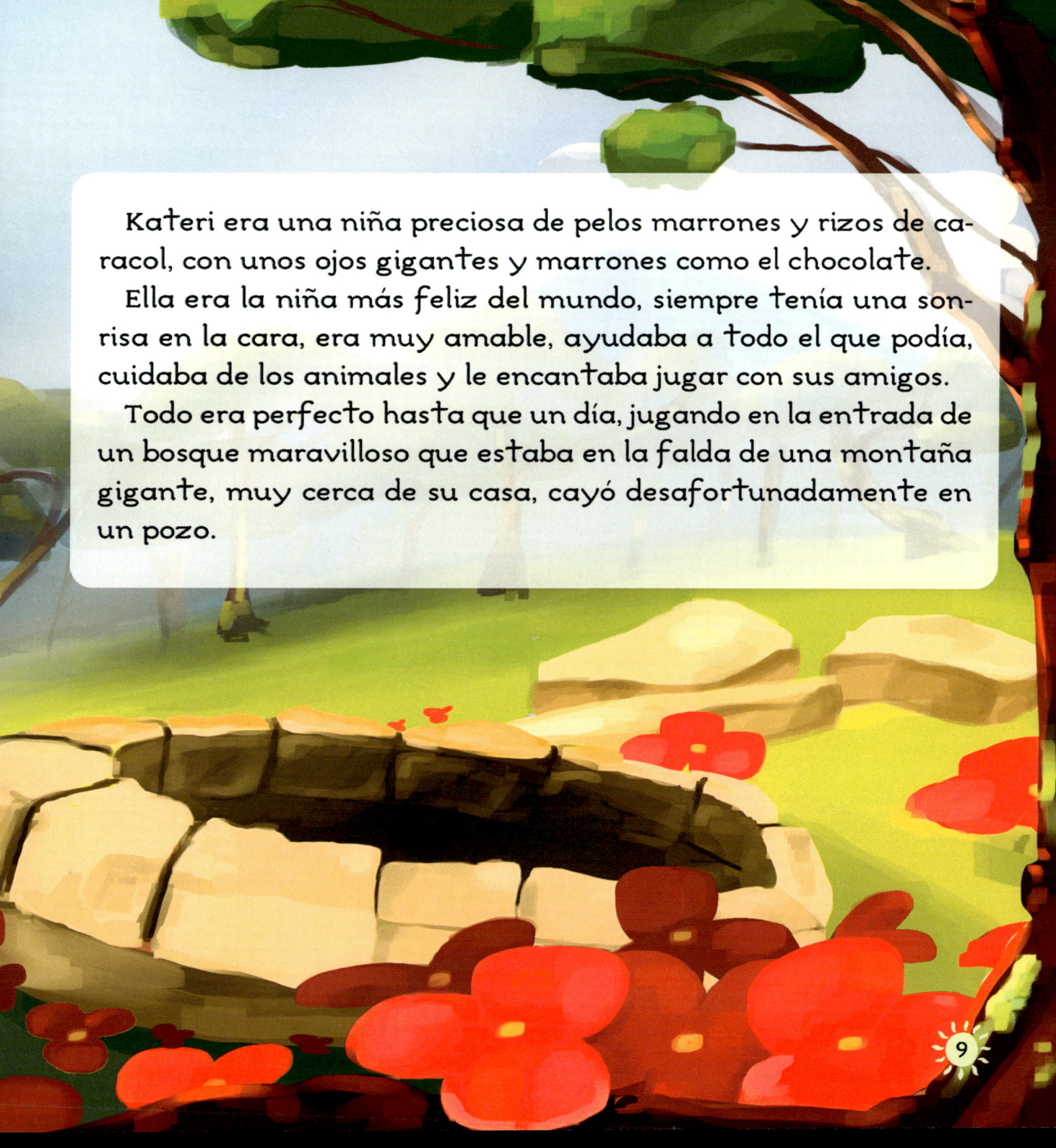

Kateri era una niña preciosa de pelos marrones y rizos de caracol, con unos ojos gigantes y marrones como el chocolate.

Ella era la niña más feliz del mundo, siempre tenía una sonrisa en la cara, era muy amable, ayudaba a todo el que podía, cuidaba de los animales y le encantaba jugar con sus amigos.

Todo era perfecto hasta que un día, jugando en la entrada de un bosque maravilloso que estaba en la falda de una montaña gigante, muy cerca de su casa, cayó desafortunadamente en un pozo.

Al caerse en el pozo, Kateri rodó y rodó y llegó al fondo del pozo, que tenía un charquito de agua de color morado.

Terminó empapada y un poco asustada, pero vio la luz del sol asomarse en una esquina del pozo, así que fue rápidamente hacia esa luz hasta que consiguió salir de allí.

El pozo estaba oscuro, por lo que ella no vio el color del agua, no sabía que había caído en un charco mágico de las cuatro estaciones.

Solo se había hecho unos arañazos en las rodillas, todo estaba bien. Así que siguió el camino hacia su casa.

Contó a sus padres lo sucedido, ellos, preocupados, la abrazaron, pero como no había pasado gran cosa olvidaron del asunto.

La ayudaron a bañarse, cenaron, vieron una película abrazados en el sofá y Kateri se fue a dormir.

Al día siguiente, mientras iba al colegio con su amiga María, pensó en su abuela, la quería muchísimo y le dio nostalgia, porque la echaba mucho de menos.

Se puso muy triste por ello y justo en ese momento el cielo se nubló y empezó a llover.

«Es una coincidencia»,
pensó y siguió andando.

Llegando al colegio, ya se le había pasado la tristeza, porque su amiga María le había contado unos chistes muy graciosos y Kateri ya estaba feliz: miró arriba y el cielo estaba despejado.

Pero antes de entrar al colegio, Pablo, el niño travieso de su clase, le lanzó una pelota y la tiró al suelo. Por si fuera poco, empezó a reírse de ella y a señalarla con el dedo.

Kateri, frustrada y enfadada, le miró mientras se levantaba, porque le daba mucha rabia e impotencia que Pablo se riera de ella.

Justo en ese instante, de nuevo, se nubló el cielo y comenzó a nevar a pesar de que era verano.

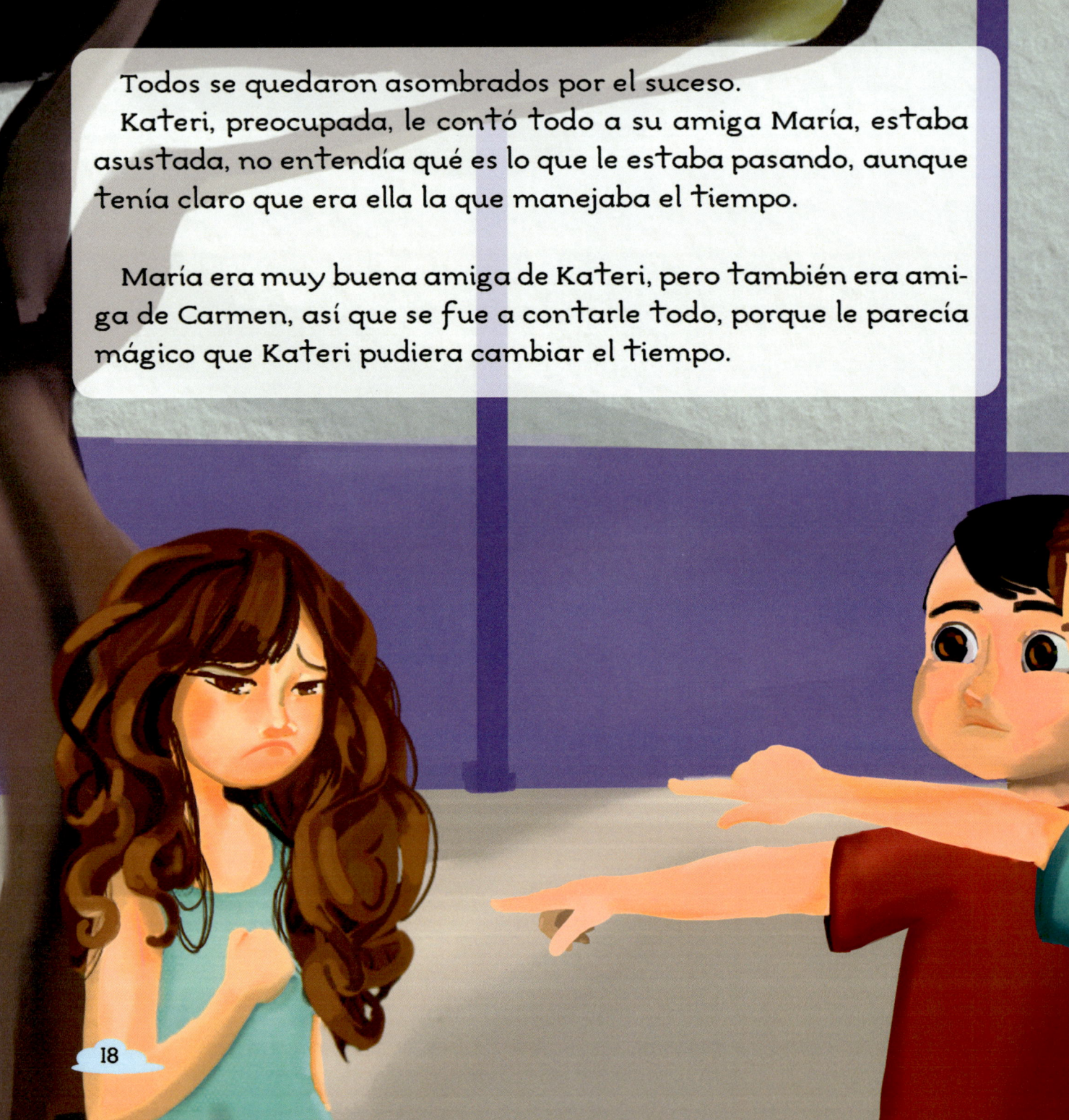

Todos se quedaron asombrados por el suceso.

Kateri, preocupada, le contó todo a su amiga María, estaba asustada, no entendía qué es lo que le estaba pasando, aunque tenía claro que era ella la que manejaba el tiempo.

María era muy buena amiga de Kateri, pero también era amiga de Carmen, así que se fue a contarle todo, porque le parecía mágico que Kateri pudiera cambiar el tiempo.

Carmen, a su vez, se lo cotilleó a otra niña de su clase, esta niña a otros niños y al final acabaron sabiendo todos que Kateri tenía poderes y era la niña del tiempo.

Al principio, todos se burlaban de Kateri, por lo que ella comenzó a estar triste.

Los días se nublaron y nunca salía el sol.

Pasadas unas semanas, todos se acostumbraron a esa noticia y se fueron olvidando.

Un día, José, para divertirse, le pidió a Kateri que estuviera más triste para que lloviera.

—Me gusta mucho la lluvia —dijo—. Por favor, ¿puedes estar más triste para que llueva?

Kateri, por intentar encajar y llevarse bien con él, le hizo caso.

Empezó a llover, ella vio la sonrisa en la cara de José y eso le puso contenta.

Al estar ella contenta, el cielo se despejó y de nuevo salió el sol.

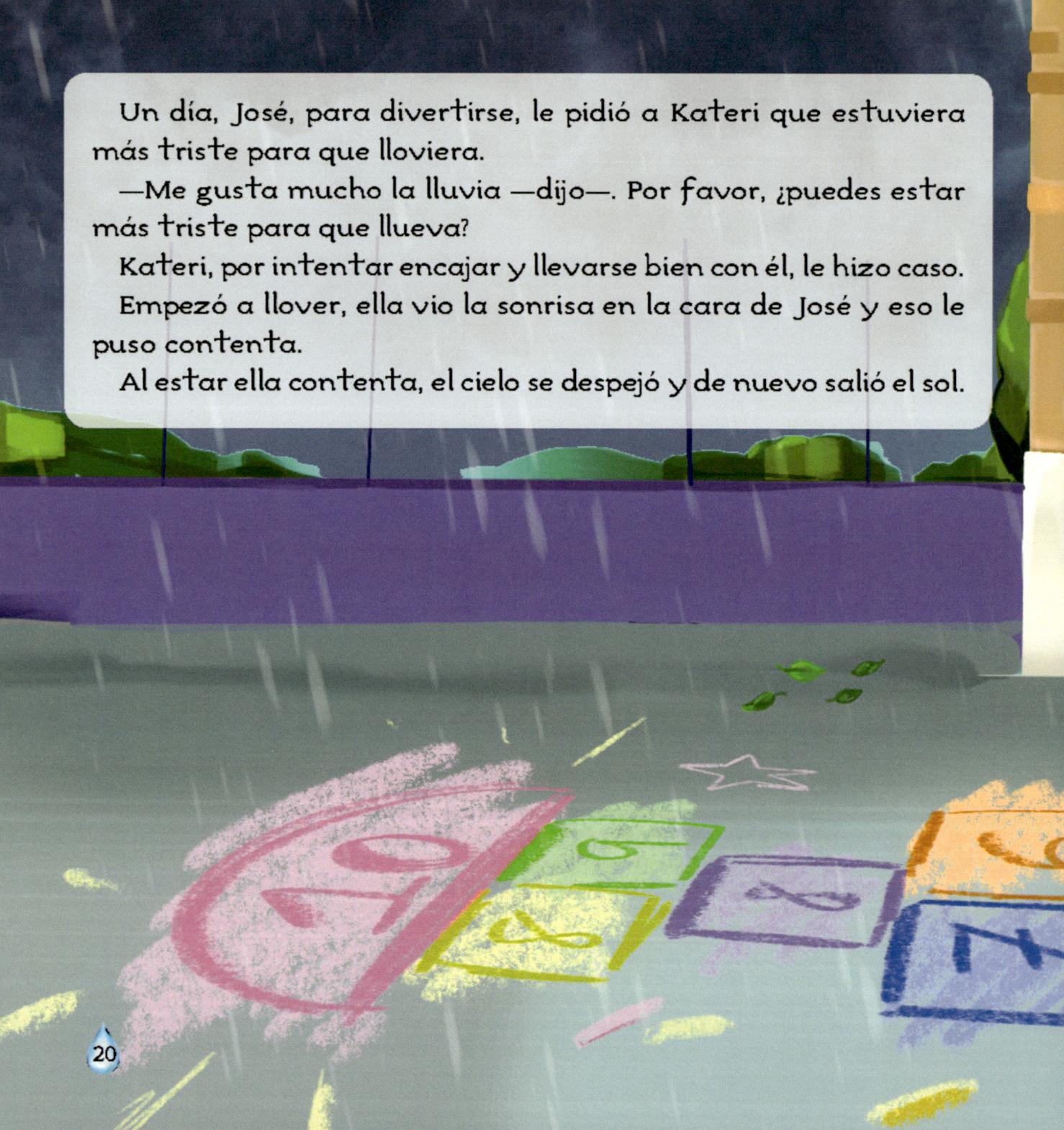

José se enfadó por cortar la lluvia.

—¡Kateri, eres muy mala! —dijo enfadado.

—¿Por qué, José? —preguntó ella con tristeza.

—Porque has parado la lluvia —dijo José enfurecido.

Kateri estaba triste de nuevo. No le gustaba estar sola y tampoco le gustaba defraudar a sus compañeros.

Quería volver a ser la niña feliz y amigable que era antes sin que sus amigos estuvieran constantemente enfadados con ella.

Al salir del colegio, Rosa, una niña de su clase, le pidió a Kateri que hiciera nevar, porque quería hacer un muñeco de nieve.

—Por favor, Kateri, quiero hacer un muñeco de nieve, me encanta la nieve —decía con su voz dulce—. ¿Puedes hacer que nieve?

Así que Kateri, otra vez por encajar, complació a su compañera de clase.

Solo tuvo que enfadarse mucho. No le apetecía estar enfadada, pero quería que su compañera estuviera feliz.

De pronto, el cielo se nubló, el viento tuvo un papel importante moviendo el aire frío hacia las nubes y comenzó a nevar mucho.

La nieve cuajó a toda velocidad formando una capa de nieve suficientemente alta como para poder jugar con ella.

Rosa estaba maravillada, empezó a reírse de alegría, saltó, se tiró al suelo y en la nieve movió los brazos y las piernas dibujando un ángel.

Kateri estaba tan contenta y feliz por ella que le apetecía acompañarla en su alegría. Empezó a jugar con Rosa siguiendo los mismos pasos, ya que a ella también le apetecía hacer un muñeco de nieve y jugar a la guerra con bolas de nieve.

25

Estaba muy feliz, por lo que, sin pretenderlo, se despejó el cielo y salió el sol.

A causa del calor del sol, la nieve se derritió y Rosa se fue de ahí enfadada.

—Eres muy mala, Kateri —reclamó, mientras se alejaba corriendo y llorando.

Todos los días, los niños le pedían a Kateri estar del humor que les convenía, a pesar de que a ella no le apetecía, pero, por encajar, por volver a estar con sus amigos y jugar con ellos, hacía caso a las peticiones de cada uno de ellos.

Pasaron los días y Kateri pasó a estar triste todos los días.

No le gustaba la idea de estar sin amigos, de que nadie quisiera jugar con ella en el patio como antes, de que solo la buscaran para que cambiara el tiempo.

Un día, de repente, mientras Kateri estaba sentada triste y sola en una piedra bajo un árbol en el patio del colegio, se le acercó su amiga María.

—¿Por qué estás triste Kateri? —preguntó María sonriente.

—Nadie quiere jugar conmigo como antes —susurró ella cabizbaja.

—Vale, ¡tengo una idea! —dijo su amiga—. ¿Por qué no te pones contenta? —preguntó casi afirmando.

—Valeee —respondió Kateri dudando.

—Quiero verte sonreír, echo de menos tu sonrisa —le comentó María—. Así sale el sol.

Pero por mucho que lo intentaba, ya no podía estar contenta. La tristeza estaba muy dentro de su pequeño y dulce corazón.

María se dio cuenta de que se había equivocado al contar a su otra amiga de los poderes que poseía Kateri y le pidió perdón.

—¿Me perdonas por haber contado lo de tus poderes? —preguntó María sonriendo.

Kateri movió la cabeza en señal de afirmación. Quería mucho a su amiga María, no estaba enfadada con ella; no obstante, le gustó el detalle de María de reconocer su error y disculparse.

Aun así, nada podía cambiar el sentir de Kateri, seguía muy triste y, por tanto, el día seguía nublado y llovía sin parar.

A María se le ocurrió un magnífico plan: se puso delante de Kateri y comenzó a hacer bromas de todo tipo. Sacaba la lengua y movía los ojos hacia dentro.

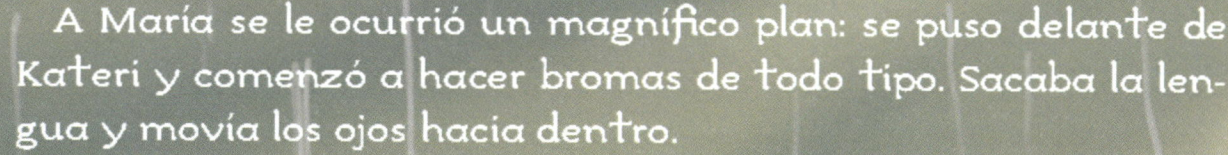

Eso le gustaba a Kateri, vio una sonrisa leve en su cara, pero no era suficiente, así que María se puso a andar a pata coja mientras continuaba poniendo caras graciosas.

A Kateri se le escapó una carcajada, María sabía que iba bien encaminada.

Mientras saltaba a la pata coja, se resbaló con el suelo mojado y se cayó. No le dolió nada, solo se mojó un poco la ropa.

Todo mereció la pena cuando, tras unos minutos de gracia, vio la cara de Kateri. Estaba riendo a carcajadas. A María le encantaba ver feliz a su mejor amiga Kateri.

De repente, una brisa suave movió las nubes dejando así salir al sol.

Y las dos amigas pasaron todo el día jugando y divirtiéndose juntas. La alegría volvió a abrazar a Kateri.

Todos los niños salieron al patio a jugar porque había dejado de llover.

—¿Quieres jugar con nosotros, Kateri? —preguntó Pablo mientras se acercaba a ella.

Kateri sonriendo se acercó corriendo hacia sus amigos, lista para jugar.

Ese día, Kateri volvió feliz a casa por tener cerca de nuevo a su amiga María y haber recuperado a sus amigos del patio.

Entendió que era maravilloso tener muchos amigos y poder estar siempre jugando con ellos, pero no podía vivir para los demás, y tampoco podía estar triste o enfadada por el hecho de que sus compañeros quisieran ver llover o nevar.

Al día siguiente, Kateri fue al colegio con total seguridad, sonriendo, contenta y feliz.

Había comprendido todo, le encantaba ver el sol en el cielo y sentir el calor en su piel.

Kateri aprendió a decir no, a quererse tal como era y a vivir con todas las emociones.

Había días que llovía, días que nevaba, porque Kateri no podía estar contenta todos los días, pero no porque alguien se lo
pidiera, sino porque ella así sentía.

Kateri era una persona hermosa, con muchos sentimientos
que mostrar, radiante con todas sus emociones, era única e
irrepetible, preciosa tal y como era.

Después de todo, Kateri entendió que el poder de la felicidad
y la alegría solo estaba en su interior y en la capacidad de sentir, amar y aceptarlo todo.

Fin

Agradecimientos

Este cuento maravilloso no hubiera sido posible sin la inspiración que alimenta mi mente: mi preciosa hija Esfira.

   También quería dar un especial agradecimiento a Luis Gómez Cerdán y a todas las personas que han estado apoyándome en todo el proceso de la creación.

Parte de lo recaudado va para ARGAR - Asociación de Padres de Niños y Adolescentes con Cáncer de Almería y provincia.

Poniendo nuestro granito de arena para que sigan dando la atención integral tan necesaria a los pequeños y a las familias afectadas.

Primera edición: octubre 2024

Depósito legal: AL 2538-2024

ISBN: 978-84-1082-707-3
Impresión y encuadernación: Editorial Círculo Rojo

© Del texto: Anna Muradyan
© Maquetación y diseño: Equipo de Editorial Círculo Rojo
© Ilustraciones de interior y cubierta: Ana Ruiz Reche, Círculo Rojo

Editorial Círculo Rojo
www.editorialcirculorojo.com
info@editorialcirculorojo.com

Impreso en España - Printed in Spain